사진촬영_ 봉순이

이야기 공작소

아버지의 마술

애지시선 061

아버지의 마술

2015년 6월 29일 초판 1쇄 발행
2015년 12월 10일 초판 2쇄 발행

지은이 이권
펴낸이 윤영진
편 집 함순례
홍 보 한천규
펴낸곳 도서출판 애지
등록 제 2005-5호
주소 300 - 812 대전광역시 동구 대전로 867번길 46 4층
전화 042 637 9942
팩스 042 635 9941
전자우편 ejiweb@hanmail.net

ISBN 978-89-92219-59-4 03810

애지시선 061

아버지의 마술

이권 시집

□ 시인의 말

너무나 멀리 와버렸다. 버려야 길들이 많아졌다.
내 심장을 밟고 지나간 수많은 발자국들
검은 벌레의 울음소리가 들려왔다.
이제는 내게 붙잡혔던 시간을 놓아 주어야 할 때
詩여! 아름다운 멸망을 꿈꾼다.

2015년 봄 영종도에서

이권

차례

제2부

제3부

제4부

제1부

봄날

물은 높은 곳에서 낮은 곳으로만 흐르는 줄 알았다

어제 저녁 하늘로 올라가는 물소리를 밤새
듣고서야 민들레는 민들레 키만큼
미루나무는 미루나무 높이만큼

소나무는 소나무의 솔잎만큼 산수유는
산수유의 꽃망울만큼 물줄기를
끌어 올리고 있다

바람은 바람의 부피만큼 봄 들판은
봄 들판의 넓이만큼 봄을
끌어 모으고 있다

물오르는 소리에 흠뻑 젖어 있던 나도
내 나이만큼의 봄을 끌어 올렸다

물오르는 소리로 푸른 봄날이 요란하다

어둠의 복제

한 세계가 닫히고 한 세계가 열리는 저녁 골목길은
점점 깊어지고 어둠이 어제처럼 복제되고 있다
밤만 되면 어둠은 불온한 꿈을 키우며 무럭무럭 자라
났다

어둠은 항상 내 안에서 흘러 나와 그녀가 있는 데까지
번져 갔다 그녀를 흠뻑 적신 후에 다시 내 안을
들여다보고 있다 그녀는 우주를 이탈한 유성처럼 잠시
반짝이다 사라졌다

오전 한 시에서 세 시 사이의 어둠은 모두 불량한
음질을 지니고 있다 그것은 귀신들의 발걸음
소리이거나 발정 난 고양이의 가능거리는 울음소리이다

밤은 내전을 끝낸 도시같이 모든 길이 끊겨 있어 나는
소리 나는 곳의 바깥쪽에서 모든 것을 방관하는 구경꾼
이 된다

몇 겹의 어둠을 두른 그녀가 깊어질 대로 깊어지고 있다

이제 그녀는 오랜 동안 숙성의 시간을 가질 것이고
수 없이 많은 밤을 복제해 낼 것이다

꽃의 쿠데타

아이스크림처럼 달콤하고 키스처럼 매혹적인 쿠데타
꽃들이 명명한 d-day 가 다가오고 있다
반란군의 암구호는 개구리발톱과 꿩의바람꽃

초록의 반란군 붉은 꽃대를 밀어 올리며 건너편
강가에 진을 치고 있다
숲속 새들이 일제히 나를 향해 총구를 겨누고 있다

꽃들이 횃불을 켜는 어둑새벽 강을 도하하는 반란군
그녀는 반란의 수괴가 되어 꽃의 맨 앞에 서 있다

봄이 되어도 나비 한 마리 불러들이지 못한 나의
사유지는 반란군에 의해 전격 점령된다 봄바람과
내통한 나는 계엄군에 의해 꽃을 간음한
혐의로 긴급 체포된다

반란은 꽃으로부터 시작되어 그녀에까지 번진 뒤

나에게 돌아왔다 하루에도 몇 번씩 내가 나를
처형하는 봄, 사방이 온통 핏빛이다

거미

저물녘 허공을 재단하고 있는 거미 바람의 나들목
배롱나무 가지에 그물을 치고 있다

오래전 한 여자를 불러들이기 위해 동쪽하늘을 헐어
그녀가 지나가는 여울목에 그물을 친 적이 있다

그녀의 몸에 알을 슬어 사랑의 일가를
이루기 위한 요량이었다

푸른 벌판을 건너가는 민들레꽃씨와 저녁노을이 잠시
지나갔을 뿐 눈 먼 고기 한 마리 잡히지 않았다

아비가 그랬던 것처럼 한 번의 합방을 위해
출렁다리 건너 너에게 가는 길

딱따구리가 한 땀 한 땀 가을산을 박음질 하고 있다

흘레가 끝나면 암컷이 수컷을 잡아먹고 마는
저 치명적인 사랑
그녀가 친 그물에 아비가 죽고 내가 걸려 죽었다

사랑은 그렇게 배롱나무 가지에 허묘 하나
만들어 놓고 천 길 낭떠러지로 떨어져 내렸다

건들장마

건들장마 속 작달비가 지나간 아침
무 싹이 손톱 만큼 올라와 있다

배추벌레가 사각사각 아침요기를 끝낸 배추잎
푸른똥 몇 개 점점이 놓여 있다

어미젖을 물고 있는 애호박의 몸무게는 닷 돈 가량
늘어났고 갓 뒷물을 끝낸
며느리밑씻게는 축축이 젖어있다

누런 삼베옷을 입은 방아깨비 한 홉 정도의 가을을
찧어내고 있고 막내 조카 영희 가슴이
자두알 만하게 올라와 있다

3조 2교대 야간 근무를 마치고 돌아온 내 턱수염은
한 치 정도 자라 있고 허리는 어제보다
1도 정도 휘어져 있다

하늘은 뻐꾸기 울음소리로 반쯤 젖어 있고
세상은 어제 보다 말가웃 더 늙어졌다

다 건들건들 지나간 건들장마 탓이다

오늘의 문장

장곡사 초잎 물푸레나무 숲
일필휘지의 초서체로
바람 風 자를 새겨 넣고 있는 하늬바람

찔레나무 넝쿨 속 며칠째 풍장 되고 있는
까마귀 한 마리 그를 수식하던 것들이 하나 둘
사라질 때마다 검은 새의
갑골문자가 한 획 한 획 완성되고 있었다

훗날
내 몸에서 사람 人자 새겨진 갑골문자 하나
수습할 수 있을까

서늘한 그늘 속
환하게 빛나고 있는 까마귀 烏
오늘 읽어 본 것 중 가장 완벽한 문장이다

ONE + ONE

혼자 감당하기엔 자신이 없어
닮은꼴 하나 불러들이는 ONE + ONE

가끔은 ONE + ONE 이 용량을 속이는
실속이 없는 것이라지만 그래도 거저
얹어 주는 덤이라
고맙게 생각되기도 한다

사람도 생각이 깊어질 때쯤 옆구리 허전한
마음하나 끌고 와 ONE + ONE 으로
사랑의 일가를 이루기도 한다

가끔은 사랑의 질량을 속여 파투가 나는 경우도 있지만

두 줄이 하나 되어 기다림의 시간을
실어 나르는 철길처럼 둘이 묶임으로서
하나가 되는 ONE + ONE

마가렛꽃

비 그친 오후 용궁사 가는 길 마가렛꽃이
지천으로 피어있다 겨우내 꽃의 빛깔을
고르고 꽃잎의 각도와 길이를
맞추었을 마가렛

꽃잎 가장자리에부터 흰색을 칠하고 꽃술에 노란
황금을 입히는 꽃단장이 한창이다
그녀의 꽃받침으로 서 있는 동안
꽃잎 몇 개가 떨어져 내렸다

가끔 휘청거리는 나에게 어깨를 내어 주기도 하던
그녀 마가렛꽃을 닮아갔다 온몸이 식물도감같이
사시사철 잎과 꽃이 돋아나는 여자

너무 부끄러운 색을 지녀 나비의 발자국이 온몸에
남는 여자 내 꽃밥이 꽃실을 타고 그녀의 씨방으로
옮겨져 밑씨가 되어가는 사이

나는 그녀와 똑같은 향기와 색깔을 갖는다
너와 내가 하나인 암수가 한 그루인
마가렛꽃이 되고 싶다

세상의 모든 여자는 내 엄마다

꽃피는 춘삼월 꽃구경 가다 벚꽃나무
아래, 치마 걷어 올리고 오줌 누고 있는
저 여자 내 엄마다

관음사 대웅전 쌀 한 됫박 올려놓고
아침 내내 무당 절 올리며 복을 빌고 있는
저 여자 까막눈이 내 엄마다

이른 아침 게걸음으로 걸음마 연습 하며
하늘공원 질질 끌고 가는 저 여자
중풍 걸린 내 엄마다

여름 땡볕아래 혼잣말 주고받으며
고추밭을 매고 있는 주름 깊은
저 여자 내 엄마다

모래내 시장 모퉁이 얼갈이배추 서너 단 풀어 놓고

손톱 밑이 까맣도록 고구마 줄기를 벗기고 있는
저 여자 가난한 내 엄마다

저물녘 어린아이 손 잡고 노을 진
골목길을 돌아가는 저 여자
젖 비린내 나던 내 엄마다

세상 모든 여자는 내 엄마다
그러나 나에겐 엄마가 없다

낙화암

부여 백마강에서 보았다 옛 백제를
껴안고 있는 낙화암을

고란사 주지스님 천수경을 독송하며
백마강에서
삼천궁녀를 불러내고 있다

삼천의 나비가 되어 하늘을 훨훨
날아오르는 꽃잎들

사각사각 지구 깎이는 소리가 들리는 사비성

등 굽은 소나무 몇 그루 발가락에 힘을
모으고 있다 천 길 낭떠러지로 떨어지려는
낙화암을 꼭 붙잡고 있다

덤

나무와 나무 사이 너와 나 사이
간격의 부재 사이로
떨어지는 빗소리를 듣는다

빗살무늬 문양이 그려진
너의 발목이 젖어올 때
너의 복숭아 뼈에서
복사꽃 떨어지는 소리가 들렸다

가슴과 가슴 사이로
네가 비긋는 소리로 지나갈 때

한 됫박 덤으로 얹어 주고 싶은 사랑
몰래 밀어 넣는다
비 내리는 오후가 고요하다

여자사용 설명서*

오늘도 나는 매번 달라지는 그녀를 읽는다 그녀를 인증하는 것은 사주팔자가 담긴 주민등록번호 13자리 뿐 어떤 바코드도 존재하지 않는다 그녀를 보증하는 것은 그녀의 생산년도와 제조자의 본적이 기록된 경기도 연천군 군남면장이 발행한 호적초본뿐이다

그녀를 다루는데 필요한 주의사항이나 당부사항이 설명된 매뉴얼이 없다 충분히 예열을 시키고 워밍업을 시켜야 몸이 열리는 여자 본체와 연결된 버튼은 항상 친정집과 연결되어 있고 시집과의 관계는 복원 중이다

꽃과 나비와 별을 좋아하는 물의 陰氣를 지닌 여자 한때는 여자가 어떻게 밥만 먹고 사느냐며 나도 여자라고 찜빠를 놓던 여자 젊은 사내에게 A/S를 맡기면 원래의 싱싱한 모습으로 되돌아올까

아직은 애프터서비스 보증기간이 남아 있는 여자 고장

이나 이상 발생 시 사용을 중지하고 판매처와 제조처에 문의하라는 문구나 연락처가 없다 오늘도 입술에 빨간 루주를 칠하며 외출을 준비하는 여자 비책이 없는 비책 여자사용 설명서 오늘도 겨우 목차만 읽다 하루해가 다 갔다

* 여자사용 설명서 : 케이블 TV, MBN 오락프로 '황금알' 주제

남자사용 설명서*

지난밤 사내는 끝내 집에 돌아오지 않았다 술만 취하면 방향을 잃어버리는 치명적인 오류가 사내에게서 발견 되곤 했다 원심력을 잃어버리고 행성 밖으로 튀어 나간 것이 분명했다 종종 과부하가 걸리는 사내

아내가 온갖 정보를 분석해 사내의 위치를 확인 할 때마다 통신이 두절되거나 통화권 밖으로 이탈되는 경우가 많았다 집안 대대로 전해오는 남자 다루는 비책이 없는 것은 아니지만 그 비책이라는 것이 애비 닮은 새끼를 이용해 사내를 유인하는 방법이 전부였다 사내의 행방은 오리무중이다

포장이 뜯기거나 사용한 흔적이 있으면 교환반품이 불가능한 일 사내들은 시어머니가 길들이다 버린 불량품이거나 중고 재생품이었을지도 모르는 일 더 이상 손 볼 곳이 없다는 시어머니의 말은 신뢰하지 말아야 한다 죽을 때까지 사용하고도 저 속을 모르는 캄캄한 남자! 사용 설명서

* 남자사용 설명서 : 케이블 TV, MBN 오락프로 '황금알' 주제

수화

젊은 연인이 공원 의자에 앉아 이야기를
나누고 있다 표정과 손짓만 있고
모든 것이 음소거 된 서체
손끝으로 자음과 모음을 끌어 올리고 있다

몇 번을 필사하고 걸러냈을 그들의 모국어
한 번의 손짓으로 행과 연이 갈리고
느낌표와 물음표를 물고 있는 손끝

세상을 중계하는 경매사 같기도 한 말
가만히 들여다보면 한껏 멋을 내고 써내려간
궁서체 같기도 한

허공에 음계와 박자를 새겨 넣고 자기가
자기를 불러내고 있는 손짓
또 하나의 음소거 된 노래이다

솜틀집과 버전2.0 골목

청국장 끓이는 냄새와 간장 달이는 냄새로 축축이 젖어 있던 골목 비사표 성냥과 흑사탕비누 크라운산도와 삼양라면을 팔던 충남상회 그 옆으로 싸전과 솜틀집과 전파상이 있었다 六十甲子를 돌고 나와 보니 콘돔과 생리대와 삼각김밥과 컵라면으로 무장한 GS 25시에 멸망해 있었다

야매로 해 넣은 이빨같이 불안한 골목 솜틀집과 옹기전이 사라지자 어머니마저 삼신할미를 데리고 골목길을 떠나갔다 대신 발기부전의 골목을 위해 비아그라와 최음제를 파는 성인용품 가게가 들어섰다

낙장불입 불임의 패를 지닌 사내가 우체통에 수신자 없는 편지를 부치고 있다 버전1.0 소녀가 스타벅스 유리창에 기대어 카톡으로 사내들을 낚아 올리고 있다 그녀가 손가락을 터치할 때마다 아날로그 사내들이 하나 둘 죽어갔다 24시간 몸을 팔고 있는 버전2.0의 골목 반짝거리는 화상채팅방 간판이 붉게 발기되어 있다

제2부

산수유나무

용궁사 오르는 개울 옆 산수유나무가 환하다
몇 억 광년을 건너 온 빛과
소리를 겨우내 숙성 시킨 산수유나무
단 한 번의 추락을 위해 몇 겹의 지층을 걸어 나와
물관을 오르고 또 올랐을 산수유꽃
알몸으로 꽃을 피우고 꽃이 지고 나서야
제 몸에 꽃이 다녀간 흔적을 아는 나무
네 몸에 안테나를 꼽고 주파수를 찾으려
내 몸의 볼륨을 높이자
너에게서 꽃잎 떨어지는 소리가 들렸다
떨어지는 꽃잎을 경배하는 봄
산수유나무가 쓰다 남은 빛과 소리가
길 옆 개오동나무에 후생의 무늬로 쟁여지고 있다
산그늘 속으로 또 한 마음이 노랗게 지고 있다

前生旅行

지난밤 꿈속, 이승을 이탈한 내 혼백魂帛이
前生의 나를 찾아가고 있었다 수수가 익어가는
어느 邊方

前生에 나와 흘레붙은 개들이 주름진 얼굴로
내 곁을 지나갔다
나는 그렇게 죄스럽게 늙어가고 있었다

북두칠성 뜨고 소쩍새 우는 밤 나는 죽고 전생의
아내가 지붕위에 올라가 치마를 흔들며
내 초혼招魂을 부르고 있었다

생전 豫修齋*로도 씻을 수 없는 죄
한 획 한 획 죄스런 문장으로 꾸며진 만장들이
내 뒤를 따르고 있었다

별빛 떨어지는 어느 새벽 내 魂帛에서 새어

나온 빛 하나 밤잠을 설치던 아비의
아랫도리로 스며들어갔다

잠시 내 아랫도리가 후끈 달아올랐고 꿈속에서
나는 깨어났다 잠에서 깨어난 나를
또 다른 내가 우두커니 바라보고 있었다
한 마리 늙은 개였다

* 豫修齋(예수재) : 죽은 후에 좋은 곳으로 가기 위하여
생전에 부처에게 올리는 재

수상한 계절

헤어진 애인한테 전화가 왔습니다 전화선이 가느다랗게 떨고 있었습니다 그녀가 울고 있는 것이 분명했습니다 나는 전화선 너머 그녀의 목소리를 가만히 매만지고 있었습니다 아직도 나는 너만 생각한다고 했습니다 어둠 속에서 그녀의 목소리가 잠시 빛나고 있었습니다

지난가을 낙엽 쌓인 거리에서 우리는 처음 만났습니다 나를 사랑한다며 낯선 사내의 흔적이 있는 그녀의 집으로 나를 불러 들였습니다 그때부터 나는 그녀의 문간방에 세를 들게 되었던 것입니다 세간을 들이고 살림을 차렸습니다

꽃피는 계절로 들어서자 그녀한테 새로운 남자가 생겼다고 했습니다 그녀에게 봄에 잘 어울리는 새로운 사내가 필요하다고 했습니다 계절이 바뀌어서 어쩔 수 없다며 그녀의 문간방에 있던 세간과 나를 길바닥에 내놓았습니다

내 흔적을 지우기 위해 그녀는 하루 종일 이를 닦는다고 했습니다 새로운 사내를 위해 꽃무늬 벽지로 도배도 하고 침대도 새로 장만했다고 했습니다 아직 낙엽 타는 냄새가 나는 나에게 오랜동안 자위의 시간이 필요하다고 했습니다

계절이 바뀔 때가 사랑을 배신하기 좋은 시기라 했습니다 그녀의 몸에서 봄 사내의 체취가 사라질 때쯤 그녀는 다시 나를 찾아오겠다고 했습니다 수상한 계절은 그렇게 내 사랑에 꽃 한 송이 바친 채 떠나갔습니다

아내의 四季

이른 아침 라디오에서 비발디의 사계가 흘러나오고 있다 잠에서 깨어난 아내, 내게 손을 뻗쳐 오고 있다 느슨하게 풀리는 아내의 몸을 고르고 현을 맞추는 것은 나의 오래된 습관, 아내의 몸에는 언제든지 계절의 흐름을 연주할 수 있는 바이올린이 숨겨져 있다 아내를 연주하기 위해서는 부드럽고 섬세하게 활을 켜야 한다

아직은 서로가 서로를 탐색 중 아내의 치골에 감겨있던 바이올린 3번현을 누르자 동그랗게 몸을 말아 올리며 팽팽히 감겨오는 아내 살랑살랑 바람이 일고 아내의 몸속에서 물새 우는 소리가 들려왔다 비발디의 사계가 봄에서 여름으로 넘어가자 아내의 몸에 먹장구름이 둥둥 떠다니고 소낙비 내리는 소리가 요란했다

아내에게 길고 긴 우기가 찾아 온 것이다 곧이어 내 몸에도 홍수가 나기 시작했고 이박삼일 동안 내 몸은 흠뻑 젖어 있었다 아내를 연주할 때 여름에서 가을로 들어서는

간절기를 조심하여야 한다 아내의 몸은 변덕스러운 날씨와 같아 하루에도 몇 번씩 구름이 끼고 높새바람이 불어올 때가 있다 아내의 몸이 건기로 들어선 것이 분명하다

오늘 아내는 저기압 가장자리에 들어 있고 구름이 조금 껴 있다 이쯤에서 나의 화려한 연주가 필요한 때 아내의 낮은음자리가 있는 배꼽을 누르자 치맛자락에서 구구 거리는 산비둘기 울음소리가 들려왔다 비발디의 사계가 가을 제1악장으로 넘어가고 있다

아버지의 마술

어느 봄날이었어요

똥지게를 지고 온 아버지가 고염나무에 마술을 걸어
놓았어요 고염나무의 마술이 풀리기도 전에
아버지는 고염나무 속으로 뚜벅뚜벅
걸어 들어가셨지요

봄이 가고 계절이 바뀌어도 돌아오지 않던 아버지
다음해 봄날 어린 감잎 속에서 똥지게를 지고
자박자박 걸어 나오셨지요

가을이면 감나무에 환한 등불 밝혀 놓고 계시다
감잎이 지면 다시 감나무 속으로 들어가셨어요

아버지 다시 봄이 오고 있어요 이제 아버지의
마술에서 풀려나 저도 한 그루 감나무가 되고 싶어요

봄이면 하얀 감꽃을 피우고 가을이면 푸른 하늘에
붉게 물든 시 한 줄 매달아 놓고 싶어요 아버지!

엄마

엄마……,
가만히 불러 본다 지나가던 전생 후생의
엄마들이 모두 나를 쳐다본다 삼거리 술집에서
전생의 어미였을 주모의 젖가슴을 만지고 오는 날 꿈속
에서 어릴 적 죽은 엄마가 찾아와 젖꼭지를
물려준다 아직도 그 버릇 못 고치고
사느냐고 회초리를 든다
그동안 먹어 보고 만져 보았던 가슴들 중
엄마의 가슴처럼 따뜻하고 맛있는
가슴을 결코 만난 적이 없다

저녁 무렵

모내기 전 다랑이 논에 논물이 괴어 있다
푸른 하늘과 흰 구름이 내려와 있다

집 넘어 감나무에 어둑어둑 저녁이 찾아왔다
물꼬를 보러 갔던 아버지가 대문을
들어서자 집안까지 어둠이 따라 들어왔다

어둠 속에서도 꽃을 피울 수 있다는 듯
골목길에 등불 몇 개가 환하게 내걸렸다

모두 제 모습 지우고 혼자가 되는 시간
이미 어둠이 된 내가 더 캄캄해진
나를 들어다보고 있다

울 밖, 개구리 울음 소리가 지천이다

그리운 것은 다 먼 곳에 있다

봄잠에서 깨어난 칠갑산이 어수선한 잠자리를
치우고 있다 맨 먼저 구름을 개고
흐린 하늘을 닦아 놓는다

새소리 바람소리 개울물 소리를
텅 빈 산속에 풀어 놓는다

마티재 골짜기 오두막집
고라니를 닮은 여자아이가 걸어 나와
한길가로 내려가고 있다

까치내 댁 막내며느리 호아의 쌀 씻는 소리가
之川을 따라 메콩 강을 건너가고 있는 아침
그리운 것은 다 먼 곳에 있다

패랭이꽃

산수유나무가 노란 얼굴로 편두통을 앓고 있는 봄
산모퉁이 돌아서면 죽음이 무럭무럭
자라고 있는 공원묘지가 있다

소란스럽게 죽음을 떠메고 왔던 사람들이
조용히 슬픔을 거두어 돌아가는 곳
다시는 호명되지 않을 이름표에
봄볕이 빛나고 있다

저물녘 지구를 한 바퀴씩 돌리고 오는 사람들
뒷덜미에 하얀 꽃이 반짝였다

달빛이 푸른 웃음 짓고 있는 공원묘지
수세기전 죽은 흰나비 무덤에서
하얀 패랭이꽃이 피어올랐다

고라니

손바닥 하나로 하늘이 반쯤 가리는 마을 다랑이 논에 물고기 잡는 그물이 처져있습니다 산안개 낀 초저녁 푸른 숲을 헤엄쳐 내려오는 고라니를 잡기 위해서지요 그러나 매번 허탕입니다 누구보다 논두렁의 내력을 훤히 알고 있는 고라니 눈 속으로 단번에 길의 허점과 퇴로의 방향이 들어왔기 때문이지요

보슬비 지나간 어제 밤 논두렁에 갓 피어오는 서리태의 새순이며 채마밭의 얼갈이를 모두 뜯어 먹고 발자국 몇 개를 증표로 남겨 놓고 사라졌습니다 한 구덩이에 콩 세 알을 심는다는 할머니 한 알은 새와 들짐승 몫이고 또 한 알은 벌레들의 몫 그리고 한 알이 사람 몫인데 모두 다 뜯어 먹었다며 궁시랑 혼잣말을 주고받습니다

어느 날 고라니가 나무 잎 하나 물고와 여기가 자기네 살던 종중 땅이라며 고라니 증조할아버지가 느티나무 이파리에 써 놓은 땅문서를 내민다면 대책이 없을 것이라

했습니다 어쩌면 먹을 것을 찾아 산에서 마을로 내려오는 고라니나 바람 부는 날 아파트 신축 공사장 타워 크레인을 운전하기 위해 그물코 같은 사다리를 타고 하늘로 올라가는 막내아들이나 위험하기는 매한가지라 합니다

모든 삶이 저렇게 아슬아슬하게 하루하루를 위험 속으로 건너가는 것이라 했습니다 오늘 저녁은 산안개도 내리지 말고 고라니도 내려오지 말라며 고라니 발자국을 따라 콩을 심는 할머니 옆모습이 그믐달처럼 휘어져 있습니다 또 비가 내리려나, 봅니다

바람의 행로

지금까지 나를 이끌고 온 것은 계절마다 색깔을 바꾸는 무지갯빛 바람기였어요 오늘도 나의 방랑을 부추기고 있는 바람은 밤새 흔들리던 코스모스의 꽃잎에서 걸어 나온 하늬바람일 거에요 지난밤 아버지 발걸음 소리가 들리지 않았어요 갈대밭에 불던 바람이 허공에 무덤을 만들고 아버지의 발걸음을 파묻고 왔을 거예요 아버지 무덤은 늘 바람이었어요 바람 따라 왔다가 바람 따라 가버렸거든요

지금쯤 바람은 내 몸 어디까지 밀고 들어 왔을까요 통풍 든 무릎을 지나 시도 때도 없이 발기하는 생식기를 지나 바람 든 허파까지 들어 왔을까요 바람은 항상 골목길과 내연의 관계를 지니고 있어요 골목길에 부는 바람의 방향과 바람의 질량을 측량해 오늘의 일기예보를 내놓게 되지요

몸속의 바람이 일렁일 때마다 많은 애인이 생겨났고 수많은 그녀들이 죽어 갔어요 지금은 바람을 마중 나갈 시

간 오늘도 아내는 바람난 치마폭만큼 나는 역마살 낀 사주팔자만큼 바람이 날 것이고요 도망을 궁리하는 바람의 나들목 골목길 죽은 바람도 되살아 나는 아내의 치마자락에 갈색의 가을이 출렁이고 있어요

滿山紅葉

불은 맨 먼저 그녀의 가슴에서 발화되었다
아파트 화단 배롱나무 잎사귀를 거쳐
단비한의원 돌담을 기어오르던 담쟁이
넝쿨에까지 번져갔다
용궁사 은행나무를 노랗게 태운 불은 백운산
단풍나무와 떡갈나무에서 절정을 이루며
활활 타올랐다
식은 몸을 데우기 위해 불길 속으로 걸어 들어간
사람들 온몸에 불이 붙어 더러는 얼굴을
데인 여자도 있고 가슴을 데인 사내도 있다
滿山紅葉
제 몸 다 태우고 사리가 되어 가는 나무에
붉은 깃발이 내 걸렸다 누군가
가을을 버리고 있는 중이다
가을산에 취해 숲속을 걸어 나오는 사람들
온몸이 붉게 물들어 있다

한 그루 나무

오늘도 어머니는 동네어귀에 발목을 심으셨다
동구 밖으로 반쯤 기울어진 어머니 몸에서
푸른 잎이 돋아나 넝쿨을 뻗어갔다

가랑잎처럼 우르르 몰려왔다 떠난 아이들
먼 곳에서 손짓만 할 뿐 좀처럼 돌아오지를 않았다
지친 발목은 그 자리에 뿌리를 내렸고
어머니 안색은 늘 불안하게 흔들렸다

어머니가 한 그루 나무로 서 있는 동안
바람은 무성한 소문을 몰고 와 어머니를 흔들었다

어머니 몸속으로 심란하게 넝쿨을 뻗어
오는 아이들 어머니 몸에서
푸른 이파리 몇 개 떨어져 내렸다

어떤 안부

함박눈 내리는 부평역 앞 시외버스 정류장
강화 가는 버스 기다리는데 아까부터 위 아래로
찬찬히 나를 읽고 있는 여자

내 몸에서 수상한 문장 이라도 발견한 듯
고개를 갸우뚱거리고 있다

후줄근한 입성이며 까칠하게 돋아난 수염 아니면
어젯밤 내 아랫도리의 비밀을 눈치 챘을까
그녀의 눈은 내 몸 어디쯤까지 밀고 들어 왔는지

마침 김포행 버스가 들어왔고 그녀는 다시 한번
나를 훑어보고는 버스에 올랐다
실룩거리는 엉덩이가 안녕이라고 말을 던진다

어디서 만났을까 강화행 버스는 좀처럼 오지 않고
함박눈 쌓이는 내내 그녀의 안부가 궁금했다

제3부

나를 복사하다

날갯죽지가 고장이 났다 오십견이라 했다 무리하게 세상을 날다 인대가 늘어났다고 했다 의사 선생은 고장의 원인을 알고 싶으면 모든 비밀을 판독 할 수 있는 MRI를 찍어보라 했다 우주선의 신호음 같은 주파수가 내 몸 곳곳에 채워진 빗장을 풀고 있었다 방금 전까지 내 몸속을 흐르던 음탕한 色氣까지 뒤져 판독해보고 시시각각 반역을 꿈꾸는 심혈관의 뜨거운 맥박까지 그라프로 삐틀삐틀 그려내고 있었다 심지어 아랫도리의 불륜까지 알아내기 위해 사타구니를 더듬고 있었다 의사 선생은 내구연한이 지나 더 이상 새 날개가 돋아나지 않는다며 이제는 더 이상 하늘을 날 수 없다고 했다 내 몸을 수 없이 복사해갔던 아내가 또 무엇을 훔쳐내려는지 내 몸을 한 장 한 장 넘기며 나를 복사하고 있었다

관세음보살

오늘은 음력 24일 관음재일 법당 안이 또르르
구르는 굴림 목탁 소리로 가득 합니다 모두
관세음보살을 호명하며 관음기도에 열중입니다

법당 앞 백일홍도 눈꽃송이를 모아 꽃 공양을
올리고 감나무에 앉아 있는 까치도
음성공양이 한창입니다

아름다운 여인의 모습으로 나투시는
관세음보살님 내 곁에서 한철을 살다간
여인들의 대자대비를 생각합니다

관세음보살을 유혹하여 애인으로 삼았으면
하는 불경스런 생각이 드는 것도 사실입니다

오늘 밤 관세음보살과 동침하고 나면 남순동자
같은 어여쁜 아이하나 얻을 수 있을까요

한 손에 연꽃을 들고 오늘도 나를 유혹하는 관세음보살님

글래머 스타일의 당신을 우러러 바라보며 조용히
또 다른 당신을 호명해봅니다 영희, 순복이
내 곁에 잠시 머물다간 관세음보살이었습니다

386 Computer

386 메모리와 격정의 세대를 탑재한 주인님 F1을 누르시고 잠시 기다려 주시면 늘 버걱거리는 주인님 생에 대해 몇 가지 도움말을 드리도록 하겠습니다 60평생 압축해 놓았던 주인님 생애를 알집을 통해 풀어드리겠습니다 다른 사람의 문장을 몰래 복사해 주인님 문장에 붙여넣기를 시도한 흔적이 주인님 주름진 얼굴에서 발견되는군요 차마 발설할 수 없었던 주인님의 치욕스런 문장은 여러 경로에 암호를 걸어 놓으신 채 숨겨 놓으셨군요

수기 문서로 생을 점치던 시대는 이미 박물관에 들어가 있지요 엑셀의 함수에 주인님 사주팔자를 입력해보세요 지금 사귀고 있는 늙은 애인과의 속궁합도 보아 드릴 수 있습니다 불확실한 미래의 운명도 예측해 드릴 수 있습니다 포토샵으로 주인님의 일그러진 얼굴을 젊은 날의 이미지로 수정 편집해 드릴 수도 있습니다

멀티미디어로 화려하게 고난의 시대를 탑재한 주인님

개천에서 용 난다는 시대는 이미 지나갔습니다 이제 어느 생의 메뉴로 이동할까요 약간의 돈과 시간을 투자하시어 주인님의 인격과 명예를 업그레이드 시켜 주세요 그동안 주인님 전과가 기록된 흉흉했던 시간을 다시는 복구할 수 없도록 영구히 삭제해 드릴 수 있습니다 이제 마지막 남은 생 신분세탁을 하지 않으면 5초 후에 주인님의 생은 자동으로 종료됩니다 더 이상 접근은 불가합니다

늙은 애인의 바람이 되다

파도소리 가득한 이월의 예단포 광어회 한 접시에
스끼다시로 나온 파도소리를 배부르게 얻어먹고
오늘도 나는 늙은 애인의 바람이 되어 간다

먼 바다에서 올라온 바람이 바다의 불안한 음계와
음표를 방파제에 새겨 넣고 있다
내 눈은 점점 자라 먼 바다까지 향한다

모든 몸짓에는 저마다의 출렁이는 소리가 있다
내 몸에 새겨진 미완성 교향곡을 편곡하고
지휘하는 것은 언제나 그녀의 몫

늙은 애인의 슬픈 곡조가 아쟁을 켜는 밤
그녀의 음률을 조율하기 위해
내 몸을 고르는 것은 그녀의 오래된 습관

그녀가 내 몸의 타브악보*를 연주할 때

오늘도 나는 먼 바다로 나간다
남자는 배 여자는 항구*였다

* 타브악보 : 악기의 줄을 나타내는 가로선 위에 연주자의 손가락 사용법을 문자로 그린 악보
* 남자는 배 여자는 항구 : 심수봉이 부른 노래 제목

짝퉁

생면부지의 사내한테 전화가 왔다 가짜인 네가
진짜인 나의 이름과 주민등록번호를 묻고 있다

나를 사칭하고 있는 또 다른 나 이미 털릴 대로
털려 버린 13자리의 주민등록번호로는
더 이상 나를 인증할 수가 없다

무수히 복제된 내가 경찰서 유치장에서 나를
복제한 공문서 위조혐의로 조사를
받고 있다는 연락이 왔다

매번 내가 나를 로그인 할 때마다 비밀번호가
틀린다는 메시지가 뜬다 누군가 또 다른
비밀번호로 나를 바꿔 놓은 것이 분명하다

장평면 호적계장의 오기로 생산년도가 잘못 입력된
나의 바코드 태어난 時가 子時인지

卯時인지도 불분명하다

거울 속의 내가 거울 밖의 나에게
주민등록번호와 본관을 묻고 있다

닮을 대로 닮은 바코드 나는 원래부터 가짜를
대변하는 짝퉁이었던 것이다

사랑의 패턴

연애도 로또복권처럼 대박을 터트릴 수 있다는 한탕주의가 만연하고 있는 시대, 사랑은 아름다운 것이라고 포교하고 다니던 시절이 있었습니다 그녀의 말씀은 평생 수지 독송 하여야 할 경전이었고 108배를 올리며 간절히 믿고 받들어야 할 종교가 되었습니다 그녀는 내게 은혜롭게 다가오는 사랑교의 교주였던 것입니다

사랑이 사이비교단의 교리처럼 한번 빠지면 헤어나지 못하는 위험한 종교라는 것도 그때 알았습니다 사랑은 믿음이 충만 할수록 배신당할 확률이 높은 게임이죠 사랑에는 계절마다 색깔을 바꾸는 유행의 패턴이 있어 철지난 밀당의 기술로는 점점 진화해가는 사랑의 방식을 따라 갈 수 없습니다

그렇다고 사랑은 엄마가 읽는 금강경처럼 그렇게 난해하지도 깐깐하지도 않습니다 그저 마음가는대로 몸 가는데로 그녀를 독송하다 보면 행과 행 사이에 감춰진 그녀

의 심오한 말씀을 꺼내 읽을 수 있으니까요

오늘 할당받은 사랑의 데이터가 얼마 남지 않았네요 기울어져 가는 가슴에 절 한 채 세우고 밤새 피어나는 불꽃을 모아 그녀에게 꽃 공양을 올려야 되겠습니다 나는 사랑을 신봉하는 사랑교의 영원한 사이비신도입니다

하늘별빛로

하늘별빛로 내가 사는 동네 도로명 주소이다
달빛로와 은하수로와 오작교로가 있다

새살처럼 돋아난 새길 해안도로를 따라 인천공항
가는 공항로를 만나면 길은 어느새 하늘을
날아오를 수 있는 하늘길이 된다

잠진도 선착장쯤 이르러 무의도로 이어지는
바닷길을 만나면 길은 출렁이는 바다가 된다

은하수로를 지나 영종주민센터 쯤에 이르러
용궁사 가는 산길을 만나면 길은
절이 되거나 산이 된다

출발과 도착이 함께 이루어지는 하늘별빛로
지나온 길을 버리고 우두커니 서 있는 덤프트럭
제 몸에 길을 내려는지 시동을 걸고 있다

굳은살 박인 교차로에 지번 잃은 길의 지문이
어지럽게 그려져 있다 수많은 길을 지나왔고
지워야할 길들이 점점 많아지고 있다

개꿈

동인천역 출발하여 용산역 가는 급행전동열차 안
부평역 지날 때쯤 전생의 아내에게 슬어 놓았던
알들이 두런두런 부화되기 시작했다

아이들은 지청구를 들으며 개차반으로 자라나고
동구 밖에는 빗살무늬토기시대를 건너온
맨발의 아내가 나를 기다리고 있었다

나는 이름도 성도 모르는 아내의 손을 잡고 있었고
손등에 화석이 된 아내의 손톱자국이
선명하게 찍히고 있었다

옆자리 아가씨가 피곤한 듯 어깨를 기대어 왔다
수세기전의 밥값을 받으려는 듯
낯선 손 하나가 내 갈비뼈를 뒤지고 있었다

파안대소

동인천에서 을왕리 해수욕장 가는 버스 안
아이 엄마는 차장 밖 보고 있고
다섯 살쯤 되어 보이는 여자아이가
나를 보며 웃고 있다

그 웃음이 내 몸으로 환하게 번져오고 있다
아이는 지금 갓 피어난 꽃 한 송이
내밀고 있는 것이다

목젖이 다 보이도록 파안대소하는 바다
발끝에서 머리끝까지 꽉 찬 웃음이다
하늘 한쪽이 기어코 무너져 내린다

웃음은 몸이 피워내는 또 하나의 꽃
웃음처럼 아름다운 꽃을 본 적이 없다

낮잠

대청마루에서 아버지와 어머니가
등을 돌리신 채 낮잠을 자고 있다

주무시다 빙그레 웃음을 짓고 있는 아버지
노름판에서 돈을 따시는지 아니면 읍내
정다방 김 양이라도 만나는 모양이다

어머니는 꿈속에서 조차 심사가 뒤틀리는 일이
있는지 입을 씰룩거리고 있다 분하고
억울한 일이 있어 누구한테
따지러 가는 모양이다

잠자던 어머니가 벌떡 일어나 아버지 등짝을
때리고 있다 아버지는 베고 있던 목침을
던져 버리고는 휑하니 밖으로 나간다

미루나무에 매미가 울고 마당귀로

한줄기 바람이 행인처럼 지나가고 있다

협심증에 걸린 기타

사내가 낡은 기타 줄을 조율하고 있다 녹슨
심혈관을 오르다 박자를 잃어버린 맥박

사내가 쉼표가 그려진 파란 알약을
입안 깊숙이 집어넣고 있다

기타 줄은 팽팽히 조여 오고 겁을 먹은
음계들이 우왕좌왕 제자리를 찾지 못하고 있다

사내의 심장 속을 걸어 다니고 있는
검은 벌레의 노랫소리가 들려왔다

사내가 파란 음표와 음계가 그려진 '나는 나비'*를 연주하자
날개를 펴고 훨훨
날아오르는 검은 나비들

사내는 협심증을 앓고 있는 한 마리 검은 나비였다

* 나는 나비 : 윤도현 밴드의 노래 제목

아름다운 멸망

복숭아꽃 환한 봄날 나는 죽었다

고생만 하다 이제 살만 하니 갔다고 살아서도
인정 없는 사람이더니 인정 없이 갔다고
아내는 내 죽음에 밑줄을 치며 주석을 달고 있다

친구들은 부조 돈 오만 원 내놓으면서 언제
갚을 거냐고 자기들이 밑진 장사라며
킬킬거리며 고스톱을 치고 있다

주치의는 세상을 분탕질해놓고 청소도 안 해 놓고
갔다며 그래도 세상이 조금은 깨끗해진 것 같다고
나의 죽음에 박수를 치고 있다

국화꽃으로 나의 죽음을 환하게 수식하고 있는 영정
정성스레 만수향 사르고 술 한 잔 따르며 내가
나에게 큰절을 올렸다

그 동안 고생했다고 내 죽음을 쓰다듬으며

나의 아름다운 멸망을 축하 해주었다

까치내 가는 길

쇠밭 지나 너른 밭 지나 까치내 가는 길
푸른 길은 방금 지나온 흔적을 지워버리고
산모퉁이를 돌아가고 있다

이제부터는 어머니에게 건네 줄 쇠고기 한 근과
사과 한 봉지의 무게만 지닌 채
고갯마루를 넘어가야 한다

바람도 산마루를 올라 올 때는 풀잎에 몇 줌의
뼈를 발라 놓고 부드러운 몸짓으로 올라오고 있다
푸른 산맥도 납작 엎드린 채
깊은 고요를 바라보며 침묵하고 있다

귀신들이 엄나무 그늘에 앉아 생을 점치는 모퉁이
2단의 엔진브레이크를 걸고 몇 겹의
생을 감한 채 내려가야 한다

아직도 까치내 마을의 묵은 때를 씻고 있는 之川
이끼 낀 칠갑산의 발목을 씻겨 주고 있다

사방이 첩첩산중이다

* 까치내 : 충청남도 청양군 칠갑산에 위치한 산골 마을.
시인의 고향

노숙

싸우는 것이 아니었다 세상과 대거리 하다
생에 과부하가 걸린 사내

동그랗게 몸을 말은 채 탑골 공원
느티나무 밑에서 낮잠을 자고 있다

해가 중천에 떠 있어도 깨어나지 않는 사내 분명
이 세상에서 도망갈 궁리를 하고 있는 모양이다

지구 밖으로 나가 다음 생에 지니고 올
패를 고르고 있는 것이다

느티나무가 사내의 얼굴을 쓰다듬으며 그늘을 당겨
덮어 주고 있다 애당초 아무런 준비도 없이
이 세상에 온 것이 잘못이었다

제4부

슬픔은 늘 햇빛 쨍한 날 일어났다

새벽에 선생님한테 손바닥 맞는 꿈을 꾸다 깨어났다
고개를 숙인 채 땅만 쳐다보며 가지런히
두 손을 모으고 있었다 무릎 꿇고 두 손을 든 채
벌 서는 날도 많았다 초등학교 때 기성회비
제 날짜에 내지 않았다고 아버지 대신 선생님께
매를 맞은 날도 바깥은
무지개가 뜨고 꽃은 환하게 피어났다
내 손에 늘 푸른 줄이 그어지고 낯선 짐승과
흘레질하는 흉흉한 꿈을 꾸었다
여전히 나는 고개를 숙인 채 반성하는 자세로
내가 내손에 수갑을 채우는 날이 많았다
타인의 시선이 오래 머문 뒤통수는
수없이 처형되었던 내 슬픈 무덤의 血자리
슬픔은 그렇게 늘 햇빛 쨍한 날 일어났다

공중 戰

철물점으로 호미 사러 가는 길

돌팍재 삼거리에 이르렀을 때 하늘이 갑자기
소란해졌다 까치 두 마리가 까마귀
한 마리를 공격하고 있다

걸프전 때 다국적군 비행기에 격추 당하는
이라크 전투기 같기도 한 까마귀
일방적으로 협공을 당하고 있다

검은 전투기 한 대 숨겨 줄 수 없는
속수무책의 하늘 까마귀의 검은
울음소리가 들려왔다

하늘에 점점이 뿌려지는 붉은 피 셰퍼드
한 마리가 그 밑을 지나가고 있다

SK에너지 구름공장

서인천 봉수대로 SK에너지 구름공장 공룡이 살고 있다

4억5천만 년 동안 숙성시킨 어둠을 끌고 나왔을
공룡 맨 먼저 화약 냄새 나는 이라크하늘과
사막의 모래바람을 보았을 것이다

바그다드의 총소리를 뚫고 아라비아해를 지나
소말리아 해적을 피해 오면서 수없이
코란경을 읽었을 공룡

굴뚝 꼭대기에서 불꽃쇼를 벌이고 있다
뭉게뭉게 피어오르는 중생대의 뭉게구름
공룡의 살타는 냄새가 진동했다

지금은 서로가 서로를 잡아먹는 신인류 시대
수억만 년 후 나는 밤하늘 별빛과 함께
까만 석유가 되어 있을 것이다

포교당 가는 길

관음사 포교당 가는 길 골목 초입에 노란 리라유치원이 재잘재잘 앉아 있다 관절염에 걸린 해피가 밀린 밥값이나 하려고 허드레 울음으로 불심검문을 하는 곳 사시사철 봄을 팔아먹고 사는 꽃집 이층엔 하늘로 커피향을 말아 올리는 은하수다방이 있다 언덕배기에 닭똥집과 쭈꾸미와 골뱅이를 파는 포장마차가 있다

삼거리 희망슈퍼 앞 순댓국집과 이발소가 있고 그 옆으로 철물점이 있다 발자국 소리만 들어도 뉘 집 딸내미의 바람 난 발걸음인지 금방 알아 채 버리는 골목 눈치 9단의 사람과 눈치 10단의 귀신들이 살고 있는 안골마을 지나면 하늘에 십자가를 내건 조그만 예배당이 앉아 있다

주정뱅이들이 도깨비들에게 들배지기를 당하는 당산나무 아래쯤에 이르면 골목길은 제가 온 길을 지우고 숲이 되어버린다 별똥별 하나가 긴 꼬리를 남기며 포교당 쪽으로 떨어지고 있다 저녁예불 올리는 목탁소리가 들려왔다

하늘이 많이도 내려와 있다

桃花

서당골 가는 밭모퉁이에 복숭아나무 한 그루 서 있다
신과 접신하고 싶었던 아버지가 심어 놓았던 나무
봄날 나비의 하얀 발이 복사꽃을 건너가는
소리가 들려왔다

복사꽃 지는 날 밤새 복숭아나무에서 죽은 누이의
울음소리가 들려왔다 어미가 떠난 날도
복사꽃이 떨어져 내렸다

애벌레들이 복숭아 속살 갉아 먹으며 붉은
동산을 넘어가는 저녁 울 밖을 떠도는
서자같이 서러운 나무

단맛 나는 너의 아랫도리를 베어 물고 너와 나의
신점을 친다 점점 떨려 오는 손 복숭아나무
신장대가 가리키는 곳 너와 내가
동티나도록 머물 血자리이다

호칭

지금까지 나를 이끌고 온 것은 내 이름 석 자였다
하지만 나를 자주 불러 세웠던 것은
이름 대신 불리는 호칭이었다

왼쪽 가슴에 붙은 번호가 이름 대신 호명되어
이놈 저놈에게 끌려 다니던 상스러운 날도 있었다

몇 년 전 아버지는 아버지를 호명하던 호칭들을
불살라 버리고 현고학생부군이 되었다
어머니는 간신히 성씨 하나를 건지시어 현비유인
풍산 심 씨가 되었다

자주 불러 세우지 않으면 점점 멀어지거나 사라지는
호칭 오늘은 오랜만에 내가 나를 부르며
얼굴 한번 보아야 되겠다

배다리 헌책방 골목

배다리 헌책방 골목 아벨서점

이 골목에 들어서는 순간 모두 반에 반값이 된다
조세희의 난쏘공이 문밖에 나와 지나가는 사람을
호객하고 있지만 별 소득이 없다

마광수의 가자 장미여관은 아예 건너편
여관골목으로 들어가 낮 손님을 받으며
희희낙락 성업 중이다

윤재림의 삼천리호 자전거도 바람이 빠진 채
한쪽 구석에서 이 골목을 떠날 궁리나 하고 있다

임화의 네거리 순이가 아직도 빨간 딱지를
붙인 채 납작 엎드려 있다 숨죽이고
가는귀먹은 바람벽이나 선동하고 있을 뿐이다

이 골목에 들어서는 사람은 이미 인생의 절반을
탕진해버리고 수십 번을 우려먹었을 소월의
진달래꽃이나 사러 오는 사람일 것이다

사랑하는 영희에게 1975년 가을날 찬우라고
써 놓은 낙서가 좋아 박재삼 시인의 千年의
바람을 이천오백 원에 샀다 몸 구석구석
밑줄 치며 읽었을 그들의 안부가 궁금했다

손님구함

동인천역 지나서 솔빛 마을 가는 길

송림시장 근처 속옷 가게에 손님구함 팻말이
걸려있다 얼마나 찾아오는 사람이 없으면
저런 팻말을 내걸었을까

속옷가게가 심심한 것이 분명하다

오늘은 주인여자의 하나뿐인 손님이고 싶다 그녀와
온종일 수다를 떨다 가게 문을 나란히
나서는 애인이고 싶다

솔빛마을 어느 문간방에 사글세를 얻어 그녀와
한 철을 살다가는 그녀의 남자가 되는 것

어쩌면 가슴속에 끌어들이고 싶은 사람이 있어
은근 슬쩍 '손님구함' 팻말을 눈속임으로
내걸었을 지도 모르는 일이다

다행이다

나쁜 짓하고 찜찜한 마음일 때 죄 지은 마음
빌 수 있는 돌부처가 계시다는 것이
얼마나 다행인지 모른다

엄마의 아들로 태어나 엄마의 때 묻은 손에 키워져
아직도 무럭무럭 자라나고 있다는 것이
얼마나 다행인지 모른다

오늘도 죽지 않고 살아 참방거리는 아내의
뒷물소릴 들을 수 있다는 것이 아직도
후끈 달아오르는 몸이 있다는 것이
얼마나 다행인지 모른다

내일은 누군가 쓰다 남은 행운이 내게 다가
올 것 같은 설렘이 있다는 것이
얼마나 다행인지 모른다

혼잣말

한밤중에 오래된 집이 혼잣말을 할 때가 있다
오랜 시간 집을 지키느라 허리가 삐끗했거나
심심해서 말동무나 하려고 집주인을
부르고 있는 것

동구 밖 미루나무에 까치 한 마리 앉아 있다
누군가를 기다리고 있는 모양이다

저물녘 산길 걷는데 싸리나무가 내 팔을 툭 친다
싸리나무가 외로운 모양이다

말이 많아도 외로운 사람이지만 허공에 대고
혼잣말을 하는 사람 정말 외로운 사람이다

조약돌

조약돌 하나 책상위에 앉아 있다
올 봄 속초 바닷가서 주어온 돌

설악산 흔들바위에서 굴러 내려온 돌인지 아니면
목숨 걸고 휴전선을 넘어온 삼팔따라지인지
동해바다 먼 심해에서 물고기 등살에
밀려나온 돌인지

돌의 체온이 변할 때마다 어미의 심장과
연결되었던 돌의 심혈관이 선명하게 드러났다

파도소리로 제 몸의 날선 살기를 다듬었을 조약돌
물고기들이 지느러미를 펴고 다가와 돌의
상처를 보듬어 주었을 것이다

어느 바위의 사리일까 오늘도 반들반들
윤이 난 채 먼 동쪽바다를 바라보고 있다

소쩍새 우는 사연

소쩍소쩍 소쩍새가 울고 있다

화려한 봄날 나는 민들레 옆에 노랗게 버려졌다
나도 그녀를 버리려 바닷가로 왔지만 또 다른
그녀가 이미 나를 버리고 있었다

사랑은 사전 검열 없이 그렇게 매번 나를
숙청하고 있었다 국외로 추방된 망명자처럼
나는 그녀를 떠도는 난민이 되어갔다

까마귀 울음소리가 까맣게 들리던 날 그녀는
나의 꽃밭에 무화과 한 그루를 심어 놓고
내 몸을 빠져 나갔다

나의 망명지에 소쩍새 한 마리 날아들었고
그때부터 내 꽃밭에
소쩍새 한 마리 둥지를 틀기 시작했다

지금은 소쩍새가 울 시간 붉은 꽃대를 밀어
올린 소쩍새 한 마리 소쩍 소쩍 울음을
길어 올리고 있다

이 골목 저 골목에서 또 다른 울음을 지닌
소쩍새가 내 울음에
화음을 넣어주며 훌쩍거리고 있다

소쩍, 소쩍, 소~오~쩍……,

바람벽에 뻐꾸기 울면

한밤 바람벽에서 뻐꾸기 울음소리가 들리고 있어요
집안이 뻐꾸기 울음소리에 젖고 있지요

어둠을 쪼아 먹으며 검게 자라나고 있는 뻐꾸기
날개를 펴고 온 집안을 날아다니고 있어요

방안은 뻐꾸기 울음소리의 허 묘 아무리
파보아도 새의 부리는 보이지 않아요

바람벽을 기어오르는 초침소리만 내 귀를
잘게 부수며 늙어가고 있지요

오랜 기간 불임의 날을 견딘 아내의 자궁에서
말랑말랑한 새끼 뻐꾸기 울음소리가
만져지고 있어요

산란기 맞은 뻐꾸기가 나 몰래 아내의 몸에

뻐꾸기 알을 부화시키고 있는지도 모르는 일이지요

가짜인 내가 진짜인 너를 처형하는 모반의 계절
사방이 온통 뻐꾸기 울음소리로 넘쳐 나고 있어요

뻐꾹 뻐꾹 뻐꾹……,

저 검은 날짐승

어제저녁 내 몸에서 개 짖는 소리와 구구거리는
산비둘기 울음소리가 들려왔어
저녁식사로 먹은 동태눈이 잠시 어둠 속에서 반짝였지
며칠 전 신천리 하우고개 제주 마 씨 집에서 먹은
말의 꼬리뼈가 자라 창문 쪽으로 넝쿨을 뻗어가고 있
었어
보리밥에 비벼먹은 열무는 손등위에 솜털처럼
자라 오르고 새벽녘 겨드랑이에서 걸어 나온 장닭의
울음소리가 내 선잠을 깨우고 있었어
늙은 애인의 가슴에서 구월동 모래내시장에서 먹은
호주산 수입소의 안창살이 말랑말랑 만져지고
그녀의 까칠한 陰毛에서
여우 울음소리와 늑대 울음소리가 들려왔어
언제부터인지 내 몸속에 아무데서나 흘레하는 수캐들이
어슬렁거리고 횡격막에는 예쁜 꽃뱀들이 자라나고 있어
음습한 초원
내가 사육하는 것들은 죽었다 다시 살아난 것들

오늘도 나를 나이게끔 하는 내가 죽어야 온전히
다시 태어날 수 있는 저 검은 날짐승들
오늘은 어디로 나를 끌고 갈 것인지
그들의 안부가 궁금해

해설

부재(不在)의 맑은 공명(共鳴)과 생명 순환(循環)의 모심(母心)

손병걸(시인)

1.

이권 시인의 시에는 독특한 소리가 많다. 자신을 비워낸 만큼 울림이 꽉 차 있다. 허공이 내어준 곳에 풍경이 있는 것과 같다. 보이는 모든 존재는 공간의 배려이다. 포용이다. 비워야 채울 수 있는 무엇이 우리가 귀를 기울여야 할 이 권 시인이 뿜어내는 소리이다. 소리는 스스로 태어나지 않는다. 혼자서는 힘껏 퍼지지 않는다. 어떤 시적 대상과 만날 때 소리가 생기고 공명은 멀리 울려 퍼진다. 이권 시인은 꽃과 나무들을 깨우고 산 너머 새를 깨우고 지나간 시간을 깨운다. 나아가서 전생과 후생에 이르는 다양한 생각을 깨운다. 그래서 이권 시인의 시세계를 하나의 명사로 표현하면 목탁이다. 목탁의 특질은 속이 비어 있다. 맑은 공명은 자신을 비우지 않으면 불가하다. 이권 시인은 자신을 비우는 과정으로 언제나 시와 함께했다. 세월의 연륜만큼 이권 시인의 몸속에서 울리는 시들은 맑다. 본래 돌아오고 돌아가는 생사 순환의 진리는 무거우나 결코, 무겁지 않은 이야기로 우리에게 다가온다. 이권 시인이 쓴 시적 대상은 멀리 있지 않다. 조금 걸으면 만날 수 있는 자연이고 창을 열면 볼 수 있는 풍경이고 일상에서 볼 수 있는 상관물들이다. 그러니까 이웃이나, 가족의 생활사이다. 그럼에도 메시지는 속을 비운 부재의 공명처럼 넓고 깊어서 즐거워지기도 숙연해지기도 가슴이 뜨끔하기도 따뜻하기도 하다.

어제 저녁 하늘로 올라가는 물소리를 밤새
듣고서야 민들레는 민들레 키만큼
미루나무는 미루나무 높이만큼

소나무는 소나무의 솔잎만큼 산수유는
산수유의 꽃망울만큼 물줄기를
끌어 올리고 있다

물오르는 소리에 흠뻑 젖어 있던 나도
내 나이만큼의 봄을 끌어 올렸다

—「봄날」 부분

네 몸에 안테나를 꼽고 주파수를 찾으려
내 몸의 볼륨을 높이자
너에게서 꽃잎 떨어지는 소리가 들렸다

—「산수유나무」 부분

어제저녁 내 몸에서 개 짖는 소리와 구구거리는
산비둘기 울음소리가 들려왔어
-중략-
그녀의 까칠한 陰毛에서
여우 울음소리와 늑대 울음소리가 들려왔어

—「저 검은 날짐승」 부분

바람벽을 기어오르는 초침소리만 내 귀를
잘게 부수며 늙어가고 있지요

오랜 기간 불임의 날을 견딘 아내의 자궁에서
말랑말랑한 새끼 뻐꾸기 울음소리가
만져지고 있어요

—「바람벽에 빼꾸기 울면」 부분

지금은 소쩍새가 울 시간 붉은 꽃대를 밀어
올린 소쩍새 한 마리 소쩍 소쩍 울음을
길어 올리고 있다

이 골목 저 골목에서 또 다른 울음을 지닌
소쩍새가 내 울음에
화음을 넣어주며 훌쩍거리고 있다

—「소쩍새 우는 사연」 부분

새소리 바람소리 개울물 소리를
텅 빈 산속에 풀어 놓는다

…중략…

까치내 댁 막내며느리 호아의 쌀 씻는 소리가
之川을 따라 메콩 강을 건너가고 있는 아침

—「그리운 것은 다 먼 곳에 있다」 부분

젊은 연인이 공원 의자에 앉아 이야기를
나누고 있다 표정과 손짓만 있고

모든 것이 음소거 된 서체
손끝으로 자음과 모음을 끌어 올리고 있다

—「수화」 부분

이 뿐만이 아니다. 파도소리, 전생에서 날아든 소리, 386 컴퓨터 소리와 노동현장 목소리, 기억 속 어머니와 아버지 음성까지 이권 시인의 시에는 다양한 소리가 담겨 있다. 활자가 뿜는 소리를 듣듯 이권 시인의 시를 읽으면, 누구나 느낄 수 있다. 산속을 걷듯 마음이 깨끗해진다. 바로 지금 꽃과 나무와 대화를 나누는 듯하다. 매 순간, 시 속에 펼쳐진 장소나, 그림이 눈앞에 저절로 그려진다. 이유는 이권 시인의 시적 소리가 섬세한 리듬을 가지고 있기 때문이다. 민들레 미루나무 산수유나무들이 새잎을 밀어 올리는 소리, 몸속에 생명이 꿈틀대는 소리, 모국을 떠나 칠갑산 시골 마을에 시집온 호아의 쌀 씻는 소리, 심지어는 언어장애인이 나누는 수화 소리까지 이권 시인이 들려주는 소리는 그야말로 친근하고 섬세하다. 평소에도 마음이 넓은 이권 시인의 음폭처럼 맑은 공명이 더불어 사는 노래이고 우리가 불러야 할 합창이 아닐까? 앞으로도 적극 삶을 노래하는 이권 시인의 시가 나아갈 즐거운 책임과 의무가 아닐까?

2.

다양한 소리의 변주로 독창적인 시세계를 펼치는 시편들과 더불어, 이권 시인의 시들은 나무, 그녀, 엄마, 아버지, 고향, 꽃, 노동 같은 대표적인 키워드를 보여준다. 그중 시선을 확 잡아당기는 키워드는 그녀이다. 대상이 전혀 다른 시들인데 자주 호명하거나, 등장하는 동일한 인물 같은 그녀가 있다. 긴장의 메시지를 전하는 그녀는 과연, 누구일까? 계절에서도 나무에서도 꽃에서도 바다에서도 지하철에서도 그녀는 주인공이 된다. 때로는, 에로스 같기도 하고 모성애 같기도 하고 언어유희 같기도 하다. 어떤 의도를 시인이 갖고 있던 독자는 자기 체험과 만나게 될 것이다. 같은 시를 읽고도 감응이 다르기 때문이다. 그만큼 그녀가 등장한 실체를 몇 가지 원인과 결과로 파악하기란 쉽지 않다. 그럼에도 명백한 사실 한 가지는 말할 수 있을 것 같다. 바로 그녀에 대한 이권 시인의 대단한 애정이다.

가끔 휘청거리는 나에게 어깨를 내어 주기도 하던
그녀 마가렛꽃을 닮아갔다 온몸이 식물도감같이
사시사철 잎과 꽃이 돋아나는 여자

너무 부끄러운 색을 지녀 나비의 발자국이 온몸에

남는 여자 내 꽃밥이 꽃실을 타고 그녀의 씨방으로
옮겨져 밑씨가 되어가는 사이
나는 그녀와 똑같은 향기와 색깔을 갖는다

—「마가렛꽃」 부분

오래전 한 여자를 불러들이기 위해 동쪽하늘을 헐어
그녀가 지나가는 여울목에 그물을 친 적이 있다

그녀의 몸에 알을 슬어 사랑의 일가를
이루기 위한 요량이었다

—「거미」 부분

나는 그녀를 떠도는 난민이 되어갔다

까마귀 울음소리가 까맣게 들리던 날 그녀는
나의 꽃밭에 무화과 한 그루를 심어 놓고
내 몸을 빠져 나갔다

—「소쩍새 우는 사연」 부분

내 흔적을 지우기 위해 그녀는 하루 종일 이를 닦는다고 했습니다 새로운 사내를 위해 꽃무늬 벽지로 도배도 하고 침대도 새로 장만했다고 했습니다 아직도 낙엽 타는 냄새

가 나는 나에게 오랜동안 자위의 시간이 필요하다고 했습
니다

—「수상한 계절」 부분

나는 이름도 성도 모르는 여자의 손을 잡고 있었고
손등에 화석이 된 아내의 손톱자국이
선명하게 찍히고 있었다

옆자리 아가씨가 피곤한 듯 어깨를 기대어 왔다
수세기전의 밥값을 받으려는 듯
낯선 손 하나가 내 갈비뼈를 뒤지고 있었다

—「개꿈」 부분

위 시들 이외에도 그녀를 불러들인 시편들이 적지 않다. 이권 시인은 그녀를 통해 무슨 말을 하고 싶었을까? 의도한 그 의미가 무엇일까? 궁금증을 품고 시편들을 읽다가 어느 지점에서 이권 시인의 무의식적 여성성이 느껴졌다. 바로, 그 지점은 시에서 호명한 엄마를 만났을 때였다. 엄마와 그녀는 이권 시인과 한 몸에 가까웠다. 말하자면, 생명의 모심(母心)이었다. 엄마 또는, 그녀로 지칭한 근원은 여성성이었다. 세상을 먹여 살리는 에너지였다. 이권 시인의 관찰력이 돋보이는 꽃과 나무들을 다룬 시편들에서 물

관은 원형적 여성의 의미를 지니고 식물성 시적 대상도 여성성을 대변하고 있다. 달을 노래한 시도 마찬가지이다. 이권 시인의 몸속에 기거한 그녀는 남녀의 상열지사가 아니다. 여성에 대한 말초적 연민이 아니다. 흘러간 사랑에 대한 추억을 떠올리고 마는 대상이 아니다. 이권 시인이 그토록 애정을 갖고 있는 그녀는 생명을 잉태할 수 있는 세상의 희망이다. 긴 겨울을 견딘 대궁 끝에 맺힌 싱싱한 꽃봉오리다. 이권 시인 몸속에 담긴 시적인 여성성은 우주 안에 살아 있는 모든 생명의 상징이다. 스스로 그러한 순환의 염원이 그녀인 것이다. 이권 시인의 몸 안에 자연스럽게 기거하고 있는 그녀는 이권 시인이 살면서 모셔온 사상이다. 시를 쓰다 보면, 가끔 문장이 의식이 아닌, 무의식이 끌고 가는 것과 비슷하다. 이권 시인이 그토록 그녀를 애타게 호명한 궁금증은 아래 시에서 시원하게 풀린다.

아름다운 여인의 모습으로 나투시는
관세음보살님 내 곁에서 한철을 살다간
여인들의 대자대비를 생각합니다

관세음보살을 유혹하여 애인으로 삼았으면
하는 불경스런 생각이 드는 것도 사실입니다

관세음보살과 동침하고 나면 남순동자
같은 어여쁜 아이 하나 얻을 수 있을까요

한 손에 연꽃을 들고 오늘도 나를 유혹하는 관세음보살님

글래머 스타일의 당신을 우러러 바라보며 조용히
또 다른 당신을 호명해봅니다 영희, 순복이
내 곁에 잠시 머물다간 관세음보살이었습니다

—「관세음보살」 부분

3.

시 「관세음보살」처럼 몸속을 목탁으로 만든 울림 큰 이권 시인의 시적 주제는 생명을 낳고 기르는 순환의 메시지이다. 순환의 알레고리로 삼은 것이 불교적 상상력과 함께 여성성의 모심(母心)의 엄마이다. 말하자면, 텅 빈 내 안에 가득한 관세음보살인 것이다. 관세음보살이라고 해서 엄마는 그냥 불교적 엄마로서의 엄마가 아니다. 성별을 넘어선 아버지와 동일한 생명으로써의 엄마다. 모든 종교를 아우르는 엄마는 우주적 생명의 에너지인 것이다. 자연스럽

게 생명 사랑을 중심 삼은 이권 시인의 시세계는 그만큼 독창성을 확보하고 있다. 강조하건데, 이권 시인의 몸속에 모신 여성성은 여자 일반이 아니다. 우주를 돌려내는 생명순환의 여성성이다. 아래 시는 전생과 후생을 나누지 않는 엄마다. 남녀를 나누지 않는 근원적인 생명의 원천으로써의 엄마다.

> 엄마……,
> 가만히 불러 본다 지나가던 전생 후생의
> 엄마들이 모두 나를 쳐다본다 삼거리 술집에서
> 전생의 어미였을 주모의 젖가슴을 만지고 오는 날 꿈속에서 어릴 적 죽은 엄마가 찾아와 젖꼭지를
> 물려준다 아직도 그 버릇 못 고치고
> 사느냐고 회초리를 든다
> 그동안 먹어 보고 만져 보았던 가슴들 중
> 엄마의 가슴처럼 따뜻하고 맛있는
> 가슴을 결코 만난 적이 없다
>
> —「엄마」 전문

이권 시인은 다른 시에서도 돌려서 말하지 않는다. 직설이다. 엄마의 부재는 우리의 현실이다. 엄마의 부재를 채우기 위해 엄마를 대신한 나는 없다. 엄마를 빙자한 나의 욕

망은 엄마의 꾸짖음만 있다. 그 목소리를 들은 시인의 반성은 여성성에 대한 잘못된 모심(母心)에 대한 고백이다. 왜, 시를 읽는 동안 떨고 있는 내 몸을 감싸는 부드러운 느낌이 들었을까? 여성성을 풀어내는 문장이 식물성 이어서였을까? 그러나 이권 시인의 시세계는 어느 한쪽으로 판단할 수 있을 만큼 제한적이지 않다. 식물성을 담보한 동물성도 있다. 본래 여성성이 강한 생명의 원천은 동물적 남성성을 담보하고 있다. 약자를 보살피는 건전한 남성성 말이다. 다만, 생명의 근원을 잉태하는 자궁의 신비로움은 여성만 가진 통증이다. 그래서 이권 시인은 시종일관 그녀를 애타게 호명하고 있다. 종내에는 아내를 향해 남성성을 드러낸다. 여기서 남성성은 폭력이 아니다. 사랑이고 자비이고 연민이고 염화미소이다. 부드러운 손길이다. 타자와 하나 되는 큰 호흡이다. 함께 살 무한의 동행이다.

> 이른 아침 라디오에서 비발디의 사계가 흘러나오고 있다 잠에서 깨어난 아내, 내게 손을 뻗쳐 오고 있다 느슨하게 풀리는 아내의 몸을 고르고 현을 맞추는 것은 나의 오래된 습관, 아내의 몸에는 언제든지 계절의 흐름을 연주할 수 있는 바이올린이 숨겨져 있다 아내를 연주하기 위해서는 부드럽고 섬세하게 활을 켜야 한다
>
> ―「아내의 四季」 부분

그녀이든 엄마이든 아내이든 이권 시인이 끊임없이 호명하는 여성성은 생명을 낳고 기르는 큰 에너지에 대한 경배이다. 아래 시를 읽으면 확연해 진다. 세상을 살려내는 위대한 엄마는 신이다. 신의 부재는 우리의 현주소이다. 이권 시인만 엄마가 없는 것이 아니다. 우리는 언제부터인가 영문도 모른 채 엄마를 잃었다. 자비로운 웃음을 지어 보이는 관세음보살을 잃었다. 자신의 살점을 덜어내며 세상을 먹여 살리는 여신을 잃었다. 그러나 우리가 눈만 돌리면 엄마는 있다. 저렇듯 사방팔방에 엄마는 있다. 이권 시인이 다시 몸속에 모셔야 한다고 소리 높여 주장하는 저 위대한 엄마 말이다.

꽃피는 춘삼월 꽃구경 가다 벚꽃나무
아래, 치마 걷어 올리고 오줌 누고 있는
저 여자 내 엄마다

관음사 대웅전 쌀 한 됫박 올려놓고
아침 내내 무당 절 올리며 복을 빌고 있는
저 여자 까막눈이 내 엄마다

…중략…

모래내 시장 모퉁이 얼갈이배추 서너 단 풀어 놓고
손톱 밑이 까맣도록 고구마 줄기를 벗기고 있는
저 여자 가난한 내 엄마다

저물녘 어린아이 손 잡고 노을 진
골목길을 돌아가는 저 여자
젖 비린내 나던 내 엄마다

세상 모든 여자는 내 엄마다
그러나 나에겐 엄마가 없다

—「세상 모든 여자는 내 엄마다」 부분

4.

이권 시인의 시 「어둠의 복제」는 반복되는 생명의 연속성을 말한다. 죽어도 죽지 않는 그것은 앞서 다룬 바 있는 엄마와 그녀의 지속적인 호명과 같은 시적 의미로 만난다. 아침은 정오를 낳고 정오는 오후를 낳고 오후는 저녁을 낳고 저녁은 밤을 밤은 새벽을 새벽은 다시 아침을 낳듯 밤과 낮으로 호명된 흑백은 분리가 아니다. 하나의 생으로 이어

진다. 그래서 생사가 하나의 인연인 것이다. 생사가 하나의 인연이거늘 어찌 너와 나를 구분할 수 있을까? 삼라만상이 다 하나인 것이다.

> 한 세계가 닫히고 한 세계가 열리는 저녁 골목길은
> 점점 깊어지고 어둠이 어제처럼 복제되고 있다
> …중략…
> 이제 그녀는 오랜 동안 숙성의 시간을 가질 것이고
> 수 없이 많은 밤을 복제해 낼 것이다
>
> —「어둠의 복제」 부분

> 서늘한 그늘 속
> 환하게 빛나고 있는 까마귀 烏
> 오늘 읽어 본 것 중 가장 완벽한 문장이다
>
> —「오늘의 문장」 부분

시「어둠의 복제」에서 이권 시인이 노래한 어둠은 새로운 빛의 소산이다. 뒤집어 설명하면, 빛은 어둠을 낳는 인연의 알레고리이고 어둠과 빛 그 둘은 갈라지지 않는 하나의 노래가 된다. 밤과 낮이 하루를 만들고 하루는 삶으로 완성되는 최소의 단위가 된다. 그렇게 인생은 모든 살아 있는 것과 살아 있지 않은 것과 함께 흘러간다. 옳고 그름의 오류는 이 속에서 반성 되고 배려와 사랑으로 호흡이 뜨거워져야 할 것이다. 시 「오늘의 문장」에서도 그저 검다고 손가락질 받는 까마귀 울음은 울음으로 그치지 않는다. 노래가 된다. 표피적인 판단 때문에 범한 오류에 대한 반성을 통해 빼어난 문장 하나를 얻은 것이다. 어둠이 토해놓는 빛에 대한 시인의 생각이 무의식으로 작용한 것일까? 시적 대상에서 소리를 이끌어 낸 많은 시처럼 어둠도 소리로 변주되는 마술 같은 문장들이 가독성을 높여 준다. 이권 시인의 맑은 생각과 생명에 대한 사랑은 어디에서 기인한 걸까? 무릇, 한 사람의 심성은 마음자리와 똑 닮기 마련이다. 이권 시인은 시적 대상을 오래 들여다본 뒤 곱씹고 곱씹어서 쓴다. 대상이 구체적이라는 것이다. 섬세하여서 역설적으로 말을 참아 낸다는 것이다. 그만큼 시야를 넓혀 사물을 들여다보면서 쓴 문장이어서 문장들을 꼬지 않고 평이하게 푼 것이 특징이다. 그러나 단연코, 쉽게 쓴 문장이라는 것이 아니다. 가볍게 읽히지 않는 문장들이다. 편안한 문장으로 단단한 메시지를 전하고 있는 것이다.

> 산모퉁이 돌아서면 죽음이 무럭무럭
> 자라고 있는 공원묘지가 있다
> …중략…
> 소란스럽게 죽음을 떠메고 왔던 사람들이

조용히 슬픔을 거두어 돌아가는 곳
다시는 호명되지 않을 이름표에
봄볕이 빛나고 있다

—「패랭이꽃」 부분

죽음을 다룬 시이다. 꽃 이름을 제목으로 걸었다. 생각이 많아진다. 죽음은 그리 쉬운 명사가 아니다. 자칫 제목에서 멋을 부리면 시가 싱거워질 가능성이 많다. 그러나 이권 시인의 시들은 대부분 큰 틀에서 안정감이 있다. 신뢰가 간다. 이권 시인의 시를 읽으면서 다시금 깨달았다. 시는 눈으로 읽고 판단하는 것이 아니다. 반드시 소리 내어 읽어 봐야 한다. 읽을수록 입안에서 감칠맛이 나는 이권 시인의 시는 한마디로 낡은 이야기가 아니다. 오래된 이야기가 아니다. 한번 잡으면 쉽게 내려놓을 수 없는 이야기다. 아직 강을 건너지 않은 이들에게 전해주는 뗏목(금강경 부분)의 지혜가 있다. 꼭 소리 내어 읽어 봐야 속에 감춰진 감이 동하는 울림점이 있다. 사실 이권 시인은 6.25동란이 끝날 무렵 태어난 1953년생 시인이다. 연륜만큼 사물을 대하는 태도와 사람을 대하는 태도 면에서 예의를 잘 갖춘 이 시집은 분명 변별력이 있다. 이권 시인은 그만큼 정신적으로 삶에 대한 여유가 있다. 따라서 하고자 하는 말을 위해 시적 대상을 쥐어짜는 억지가 없다. 우리가 시인의 시선을 자연스럽게 따라갈 수 있는 이유가 거기에 있다. 체험을 바탕으로 쓴 가독성 높은 시편들이다. 이권 시인이 가진 부드러운 힘이다. 시는 거짓 감동 장르가 아니다. 단연코, 시는 소비를 위한 공산품이 아니다. 판타지라도 허구적 진실을 담보해야 한다. 이권 시인은 그야말로 세상을 한 바퀴 크게 굴러서 시집 한 권을 손에 들고 우리 곁으로 돌아온 전직 철도원이다. 나이를 먹는 일은 무엇인가를 남겨주는 일이다.

> 어느 봄날이었어요
>
> 똥지게를 지고 온 아버지가 고염나무에 마술을 걸어
> 놓았어요 고염나무의 마술이 풀리기도 전에
> 아버지는 고염나무 속으로 뚜벅뚜벅
> 걸어 들어가셨지요
>
> 봄이 가고 계절이 바뀌어도 돌아오지 않던 아버지
> 다음해 봄날 어린 감잎 속에서 똥지게를 지고
> 자박자박 걸어 나오셨지요
>
> 가을이면 감나무에 환한 등불 밝혀 놓고 계시다
> 감잎이 지면 다시 감나무 속으로 들어가셨지요
>
> —「아버지의 마술」 부분

이 시와 같이 본 시집 곳곳에서 은유적 윤회를 볼 수 있다. 같은 감이 열려도 언제나 새로움으로 복제되는 홍시 같은 윤회이다. 달콤한 홍시 맛처럼 별빛은 더 환하다. 그러나 어둠은 다시 온다. 如如하는 밤과 낮은 있다. 그러나 이권 시인은 부정적이지 않다. "한 세계가 닫히고 한 세계가 열리는 저녁 골목길은 (…중략…) 수없이 많은 밤을 복제해 낼 것이다" (「어둠의 복제」 부분)처럼 모든 악조건을 긍정한다. 如如하듯 욕심과 욕망을 내려놓는 것이 삶의 근원이 되려면 생명 순환을 몸으로 알아야 한다. 그래서 목탁처럼 몸을 비워낸 이권 시인의 메시지는 맑다. 윤회를 넘어서는 생사의 모심(母心)이 마음자리에 그득하기 때문이다.

애 지 시 선

002	붉디 붉은 호랑이	장석주 시집
003	붉은 사하라	김수우 시집
004	자전거 도둑	신현정 시집
005	정비공장 장미꽃	엄재국 시집
006	기차를 놓치다	손세실리아 시집
007	바람의 목례	김수열 시집
008	그리운 연어	박이화 시집
009	뜨거운 발	함순례 시집
010	정오의 순례	이기철 시집
011	그 남자의 손	정낙추 시집
012	즐거운 세탁	박영희 시집
013	구룡포로 간다	권선희 시집
014	좋은 날에 우는 사람	조재도 시집
015	여수의 잠	김열 시집
016	축제	김해자 시집
017	뜻밖에	박제영 시집
018	꽃들이 딸꾹	신정민 시집
019	안개부족	박미라 시집
020	아배 생각	안상학 시집
021	검은 꽃밭	윤은경 시집
022	숲에 들다	박두규 시집
023	물가죽 북	문신 시집
024	마늘 촛불	복효근 시집
025	어처구니 사랑	조동례 시집
026	소주 한 잔	차승호 시집
027	기찬 날	표성배 시집
028	물집	정군칠 시집
029	간절한 문장	서영식 시집
030	고장 난 아침	박남희 시집
031	하루만 더	고증식 시집
032	몸꽃	이종암 시집